GYDA GOFAL
PETHE TWM

Mae Twm Gartref.
Cyhoeddwyd ym Mhrydain yn 2023 gan Graffeg Cyf.
Cyhoeddwyd yn wreiddiol dan y teitl *Red is Home* yn 2023.

ISBN 9781802585346

Testun gan Emma Bettridge © 2023.
Darluniau gan Josephine Birch © 2023.
Addasiad gan Anwen Pierce.
Dyluniwyd a chynhyrchwyd gan Graffeg Cyf © 2023.
www.graffeg.com.

Graffeg Cyf., 24 Canolfan Fusnes Parc y Strade, Ffordd Mwrwg,
Llangennech, Llanelli, Sir Gaerfyrddin SA14 8YP, Cymru, DU.
Ffôn 01554 824000 www.graffeg.com.

Mae Emma Bettridge a Josephine Birch drwy hyn yn cael eu
cydnabod fel awduron y gwaith hwn, yn unol ag adran 77 o
Ddeddf Hawlfreintiau, Dyluniadau a Phatentau 1988.

Mae cofnod catalog CIP ar gyfer y llyfr hwn ar gael o'r Llyfrgell
Brydeinig.

Mae'r cyhoeddwyr yn cydnabod cymorth ariannol Cyngor Llyfrau
Cymru. www.gwales.com.

Adnoddau athrawon: www.graffeg.com/pages/teachers-resources

1 2 3 4 5 6 7 8 9

FSC www.fsc.org 100% From well-managed forests FSC® C002249

Mae Twm Gartref

Emma Bettridge
Josephine Birch

Mae'r llyfr hwn yn eiddo i:

____

____

GRAFFEG bach

Dyma Twm.

Mae Twm yn byw yma efo Chino a Maude.

A hefyd acw efo Sita a Claude.

Felly mae pethau mae Twm yn eu gwneud yn y tŷ **hwn**. Ei dŷ.

A phethau mae Twm yn ei wneud
yn y tŷ **acw**. Ei dŷ.

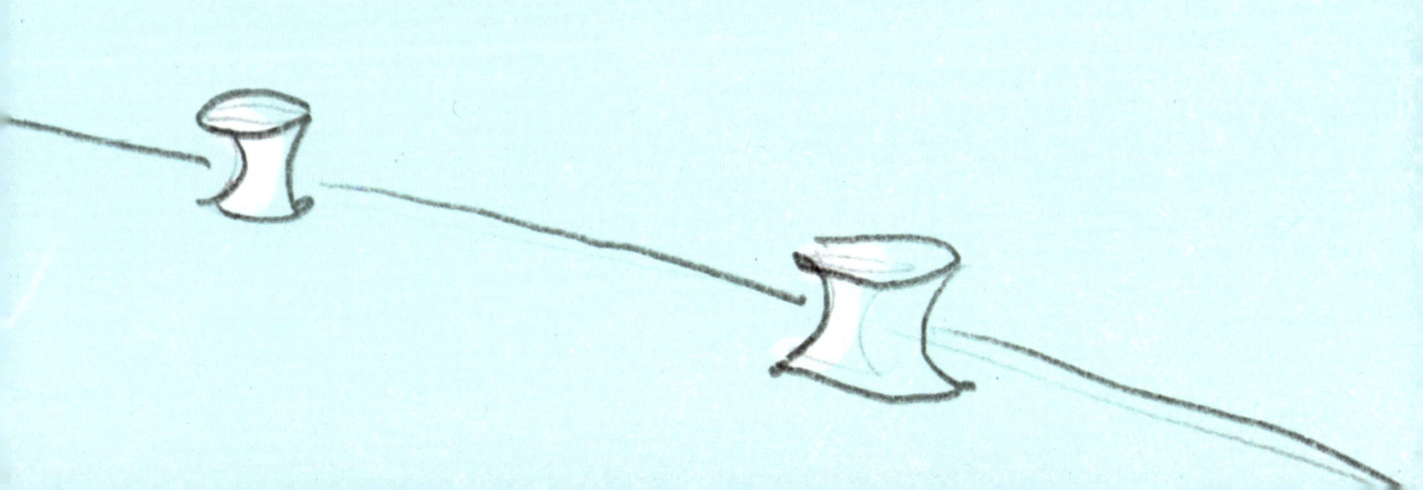

Gyda Chino a Maude
mae'n gwneud hyn
a'r llall.

Ac weithiau, wyddost ti,
mae'n gwneud hyn a'r llall a'r llall a hyn.

Gyda Sita a Claude,
mae Twm yn neidio yma
ac acw.

Ac weithiau, wyddost ti, mae'n neidio
yma ac acw ac acw ac yma.

Bydd hyn i gyd yn newid ddydd Llun.
Mae Sita a Claude yn symud tŷ.
A bydd Twm, felly, yn symud hefyd.

Yn ei le newydd i lawr y lôn,
a fydd e'n gwneud hyn?
Neu a fydd e'n neidio acw?

Seville
FFORDD YMA

Weithiau mae meddwl am hyn
yn gwneud iddo droi a throi a throi a throi.

I fyny ac i lawr ac i lawr ac i fyny,
rownd a rownd a rownd a rownd.

I roi trefn ar hyn i gyd,
mae Twm yn dychmygu beth fydd e'n ei wneud.

Mae'n trio neidio fan hyn.
Mae'n trio neidio fan draw.

Mae ei goesau i gyd yn **glymau.**

Mae'n anodd ar y naw.

Daw Chino a Maude yn syth
i ddatod ei goesau,
rhoi lot fawr o gwtshys
a lot fawr o fwythau.

Mae Sita a Claude
yn sythu ei glustiau,
yn rhwbio ei dalcen,
yn tawelu ei ofnau.

Mae'n cau ei lygaid yn dynn,
yn dynnach nag erioed
y noson cyn y symud –
gobeithio bod yno goed!

Mae'n gwichian a chwyrnu,
yn trosi ac yn troi.
Does dim amser i feddwl,
a'r haul yn codi'n glou!

Mae digon o frecwast
yn y fowlen ar lawr.
Rhaid anadlu'n ddwfn ...
daeth y diwrnod mawr.

Bant â phawb i weld y tŷ,

ond mae Twm yn dawel

fel pluen mewn awel.

6

A dyma nhw'n barod
i agor y drws.

Mae'n rhoi naid
fechan,
mae'n rhoi naid
fawr,

mae'n syrthio
ar gadair,
mae'n taro'r
llawr.

Rholia a phlyga,
gan drio eto –
a mwynhau!

Mae'n stwna
a sniffian
ac yn ffeindio ...

Ffau!

Llawr meddal o fwsog,
to o frigau a dail,
rholia Twm drosodd –
am goeden heb ei hail!

Yn y ffau sydd gan Twm
rholia yma ac acw,
a weithiau, wyddost ti,

rholia yma

ac acw

ac acw

ac

yma!

Lle bynnag y crwydra Twm,
ar ei ben ei hun neu â chwmni,
mae'n e'n gwybod y bydd
pob un yn ei garu.

Ffarwel Mot

Gan Emma Bettridge
Darluniwyd gan Josephine Birch

Dydy Myrddin ddim am fynd allan, ddim heb ei ffrind gorau Mot. Ymunwch â Myrddin wrth iddo ddysgu bod yn fentrus i ddysgu sut i ddweud 'Ffarwel Mot'. Stori am sut deimlad yw caru a cholli ffrind, ac i gael rhesymau dros fynd am dro eto.

Ffarwel Mot
Clawr Meddal, 250 x 200mm,
40 tudalen, £8.99.
ISBN 9781802582222

www.graffeg.com

FFORDD
YMA

FFORDD
YMA